REMARQUES
VÉRITABLES
ET TRÈS REMARQUABLES,
SUR
LES AUDIENCES DE THALIE
OU
SUR MOLIERE
A LA NOUVELLE SALLE,

Avec une *Défense des Femmes*, & *des Réflexions sur les Spectacles.*

Par une Femme qui se fait gloire d'être le Chevalier de son Sexe, si son Esprit n'a pas l'avantage d'en faire l'ornement.

BRUXELLES,
Chez BOUBERS, Imprimeur-Libraire.

1782.

REMARQUES
VÉRITABLES
ET TRÈS-REMARQUABLES,
SUR
LES AUDIENCES DE THALIE
OU
SUR MOLIERE
A LA NOUVELLE SALLE,

Avec une Défense des Femmes, & des Réflexions sur les Spectacles.

UN vers d'Horace, qui rappelle les pensées, les expressions, les critiques de cet Auteur, à la tête de celles de la *Société*, qui dit *si mal*, du mal des femmes, & de quelques hommes, il faut convenir qu'il n'est point adroit de le citer, puisqu'elle vouloit faire parler (Muses & Apollon) un langage qu'eut trouvé fort étrange la Marchande d'herbes d'Athènes, dont l'oreille délicate fut blessée par

A ij

l'accent étranger d'un certain Philosophe : il me semble que c'étoit le plus saillant des siens qu'il falloit choisir ; il eut préparé à songenre, qui n'est pas tout-à-fait celui de Molière, *en corps & en ame*, quoique Molière n'ait pas toujours été également châtié dans son style, ni pur dans ses tableaux ; aussi son ombre fatiguée, fatigante, conserve à peine une lueur de goût dans une ou deux tirades ; il faut le lui pardonner, elle arrive *de l'autre monde*. M. Baptiste, qui s'en apperçoit, a l'ingénuité de le lui dire : elle y a laissé ou perdu son esprit, son génie, ce qui ne fait rien à la Société, qui ne les a ni ravis, ni trouvés, puisqu'elle ne s'est pas fait l'honneur de se les approprier, ni le mérite, ou plutôt le devoir de les lui rendre.

Il a encore été *pour agréable* à cette Société, de créer un M. MISOGRAMME, grand *dénigreur* d'esprit, du reste bon homme, à ce qu'il prétend ; prétention, qui ne l'empêche pas, comme Juge, de déraisonner mille fois plus que ceux & celles que sa bon-hommie invective *à tort & à travers*. Il faut avouer cependant, qu'il ne peut causer à ceux qui l'écoutent, l'embaras que fit éprouver certain *domicilié* des Petites-Maisons, à quelqu'un, qui, le jugeant sage sur sa mine, accepta l'offre qu'il lui fit de l'instruire du genre de folie de ceux qui *gissoient* dans ce triste lieu. Après s'être acquitté de sa mission avec discernement, tout-à-coup ce guide si sensé, si doux, entrant chez un Ange, qu'une chaîne, qu'une grille, empêchoit de retourner au Ciel par la fenêtre, fermant la porte avec violence, s'écria! *ô pour celui-ci, Monsieur, c'est un imposteur, il se dit Gabriel, mais moi, qui suis le Pere Eternel, je sais bien que je ne l'ai point envoyé sur la terre.* M. MISO-GRAMME, qui, sans doute, n'aime pas l'*incognito*, se montre le père Eternel dès la première phrase qu'il prononce, ce qui met fort à son aise.

Un Capitaine CLAQUE, débitant avec assurance le secret de quelques Auteurs, de quelques Actrices, qui se ruinoient pour le *soudoyer*, croit apprendre quelque chose au public, tandis qu'il ne fait que lui répéter, ce qu'on appelle *un secret de Comédie*.

Un VAUDEVILLE, qui se nomme, que Molière ne remet pas, *lui qui, dans ses FACHEUX, l'installa sur la Scène ; apparemment que l'indécence des vers prosaïques de celui-ci le fait méconnoître : mais enfin il devoit le prendre pour le Chantre du Pont-Neuf.* *

Une MUSE DU DRAME. Eh! bon Dieu, quelle Muse! comme elle est tournée! comme elle s'exprime! comme elle écoute les injures qu'on lui adresse! (toujours comme femme, sans doute), injures que les Trétaux du Boulevard auroient repoussé, comme infamantes pour leurs Troupes, quoique forcés d'être peu difficiles sur les Pieces qu'ils reçoivent.

Si cet assemblage étoit l'ouvrage d'un seul, *après beaucoup d'autres*, on diroit, cette production, où

---

* *Voyez Boileau.*

ne respire ni l'usage du monde, ni le savoir, ni la justice ; elle n'a pas été faite par un homme de bien, pas même par un homme bien élevé ; cependant... *on sait qu'il n'est point de si bon cheval qui ne bronche;* oui : mais toute, toute une Société, voilà ce qui étonne ; & plus cet étonnement est fondé, plus il ordonne de crier *haro* sur les satyriques, lorsqu'ils sortent des bornes prescrites à la méchanceté. Les dards empoisonnés que lance celle-ci, du sein de l'obscurité où elle se cache, n'eurent jamais pour objet de détruire le ridicule ; elle seule l'arme, elle seule le rend dangereux, elle seule est le piedestal où ceux de tous genres, se posent, se choquent & s'exercent. La loyauté, qui les désunit, les fronde sans grossiereté, les attaque sans masque ; elle veut, en corrigeant, ramener à la raison, ramener au bonheur ; l'autre a la volonté de blesser ce qui ne lui ressemble pas, & celle de nuire même à ce qui lui ressemble.

Pour défendre la vérité, il ne faut que du respect pour elle ; je puis donc m'enhardir à soutenir ses droits. Quant à ma façon de les apprécier, je la soumettrai toujours à ceux qui, sans démentir leur conscience, qui, sans rougir, peuvent avouer leurs actions, leurs jugements, leurs pensées les plus secrettes ; les autres, mon cœur est assez pur, & j'ai le noble orgueil de croire, qu'il est digne d'exciter leur colère, & d'éprouver les effets de leur haine.

Dans la Préface de *Molière à la nouvelle Salle*, on trouve, Petits sarcasmes à M. *Sautreau de Marsy*; les mêmes, sur le Journal du jour; Eloge de la *Société*, celui d'un M. N... (*On n'est jamais trahi que par les siens*). Aveux sans dénombrements, d'avoir « grandement profité des lumières d'un autre M. N »... Celui-ci refuse les louanges de son associé; le connoissoit-il? s'en méfioit-il? ou savoit-il simplement qu'il faut être modeste *quant il n'y a pas de quoi se vanter*? Comme il vaut mieux écrire d'innocentes gaietés, des articles pour le Nécrologe, que des méchancetés niaises, quoique indécentes, le tort de ce M. N... c'est de ne pas s'en être toujours tenu à ces bagatelles. « *Il sait d'arithmétique, tout ce qu'on en peut savoir* ». Il sait donc quelque chose. Cette perfection peut conduire à s'élever jusqu'à la Géométrie, qui *toise* les esprits avec la même justesse, qu'elle mesure la terre. Ceux qui n'ont que très-peu de surface, point de profondeur, qui n'eurent jamais l'à-plomb de l'honnêteté, peuvent redouter ses calculs, qui ne croyent que ce qui est prouvé; mais peuvent-ils empêcher qu'elle ne procure chaque jour des découvertes précieuses à l'humanité, honorable pour le génie qui s'en occupe? Le chien qui aboie à la lune ,, fort heureusement pour le voyageur ,, ne peut obscurcir sa clarté salutaire. Celui qui cherche à ridiculiser un sexe, ainsi que les éléments des arts, des connoissances, utiles à lui *tout seul*, est donc fort au-dessous.

A iv

« ..... *Du tas de femmeletes,*
» *Qui veulent s'établir protectrices d'Auteurs* ».

Et le coq chanta; *petit ingrat !...* Par cette fatyre, peut-être, vous croyez payer leurs bienfaits ; *car enfin*, vous êtes Auteur, M. MISOGRAMME, très-Auteur, & vous le favez bien, puifque les Difcours que vous avouez, dont vous vous *glorifiez*, font imprimés, *protégés*.... Ah! fi cette preuve, même flétriffante pour l'ingratitude, n'eft pas la première que vous ayez donné à vos bienfaiteurs, à vos bienfaitrices, & que vous ne preniez pas la ferme réfolution de ne pas commettre d'avantage *cet affreux péché*, on a le droit, fans que vous puiffiez le trouver mauvais, de dire avec Orgon, du Tartufe de Molière :

Voilà, je vous l'avoue, &c. &c.

Le Cenfeur qui a approuvé « *le tas de Femmeletes* », comme vers, a du le trouver neuf & fort étoffé : moi, j'imagine qu'on ne pouvoit mieux adopter les éprifantes expreffions de ce pauvre M. MISOGRAMME, qui cependant eft conféquent à émerveiller, lorfqu'il affure qu'il aime mieux « *boire* avec » *Marguilliers, Chantres & Payfans du Village* », que de vivre avec des gens... d'efprit ; ceux à qui il n'en trouve pas, doivent en avoir en raifon de ce qu'il leur en refufe. Si rendre juftice, eft toujours une obligation, quelquefois c'eft auffi une grande jouiffance.

« *Mais que dirons-nous de Madame N. qui nous a*
» *fourni cet heureux refrein que chante le Vaudeville,*
» *en entrant fur la Scène: Turelure lure?* &c. &c ».

Quelqu'habile que vous foyez, dites pis que le refrein, fi vous le pouvez ; refrein, au furplus, bien digne de la Pièce, dont elle a fait deux copies ; ce qui prouve qu'elle n'eft pas fans patience, « *& ce* » *qu'on aura peine à concevoir, fans manquer à l'or-* » *tographe* », quoiqu'il fallût avoir l'entendement, furieufement cimenté par l'ignorance, pour ne pas concevoir qu'une femme puiffe apprendre ce que fait

« *Le dernier des Grimauds échappé du collége* »,

qui, plus que la *Société*, ne s'arroge pas le droit de juger, qui en abufe moins. Cependant, comme les femmes n'ont point cette reffource de collége, fans laquelle ceux, qui déclament contre elles, feroient plus ineptes, encore. L'écrire, cette *orthographe*, fans faire de fautes groffières, pour elle c'eft une forte de mérite, que l'extrême correction ne donne pas à ces Meffieurs ; j'allois dire *grimauds* : mais il n'eft permis qu'à l'ombre de THALIE, parlant à l'ombre de MOLIERE, en l'abfence de l'ombre de MELPOMENE, de s'exprimer comme les Athlètes, que VADÉ fait combattre. On a blâmé Madame DACIER, de s'être défendue comme un homme malhonnête ; on a fu gré à M. DE LA MOTHE d'avoir parlé comme une femme polie... Que ne puis-je dire comme ROXANE !

(*) *Et que tout rentre ici dans l'ordre accoutumé.*

Mais il est presque impossible que l'injustice déterminée qui révolte, ne donne un peu de vivacité aux expressions qu'elle inspire ; je veillerai cependant sur les miennes ; &, pour éviter mille réflexions qui pourroient m'autoriser à les moins ménager, je me hâte de demander aux gens *de bien*, ce que signifient ces Epigrammes contre les Femmes ? Epigrammes si répétées par les hommes de mauvaise compagnie, que M. Misogramme, qui ne fait rien, les fait par cœur, comme perroquet fait & dit *oui, oui*. Sans mes résolutions, que d'épithètes se présentent à ma plume ! il faut refuser leurs secours, & se contenter de dire, que de bonnes raisons, *sans orthographe*, que de bonnes raisons, qui n'auroient aucuns *points sur leurs i*, n'en sont pas moins de bonnes raisons ; que des sottises, des impertinences, complétement parachevées, par les points & virgules, ne sont que des impertinences, & des sottises avec points & virgules ; qu'applaudir aux unes, tonner sur les autres, voilà le droit, le devoir du Philosophe, qui doit être un Sage ; de l'Homme de Lettres, qui doit être un Philosophe ; les autres sont indignes d'un nom qu'ils ne profanent plus ; ils l'ont dégradé. Lorsque les flammes consumoient le Temple d'Ephèse, croit-on que c'eût été des Artistes, de bons Citoyens, de grands Hommes, qui auroient dessiné, vû, blâmé les formes prises par la fumée qui s'élevoit au-dessus d'elles ? Le ridicule du bel esprit que fait-il à la sensibilité, à la bonne-foi, à l'innocence, vers lesquelles il faut ramener les cœurs qui s'en éloignent ? L'Artiste, le Sage, l'Homme de Lettres, le Philosophe, l'honnête Homme, qui ne doivent faire qu'un tout estimable, veulent des mœurs pures, cachent les foiblesses qui ne les blessent pas, examinent la décence des modèles, le sens, l'esprit des Ecrits qui parlent à leurs ames, & ne s'abaissent point à observer l'imperfection des signes qui les tracent à leurs yeux.

Personnalités à M. l'Abbé A . . . . . qui ne fait tort qu'à celui qui se la permet, « *mais ce qu'il ne* » *peut nier, est que si l'Ouvrage n'est pas gai, le* » *Public, qui l'étoit, en a ri beaucoup :*

» *Vous pouvez lui plaire un moment,*
» *Et ce n'est pas un grand miracle.* »

(Ombre de MOLIERE.)

Voilà, qui n'est pas plus vrai, que poli : MOLIERE doit savoir que « *sa faveur n'est point inconstante ;* c'est le séduire, « *un moment*, qui n'est pas un « *grand miracle ;* c'est le frivole avantage qu'obtiendront toujours, en certaines circonstances, des Scènes satyriques, quelques mauvaises qu'elles soient, lorsqu'il peut les enrichir de tout ce qui l'offense. Aussi ce sont ses réflexions, qui finissent par l'égayer; & non les détails de l'Auteur, souvent même celui-ci, l'Acteur qu'il préfére, le Héros qu'il admire, sont les Héros que siffle le Public qu'ils excèdent.

Une Femme penfe, elle écrit, elle en a le droit; droit que la fottife feule a celui de lui nier : mais elle dit que fon fexe n'eft capable de rien; elle n'a pas celui-là, quoique la fottife le lui donne, qu'il faut qu'il ne fe mêle de rien ; eft-ce ainfi qu'elle peut s'honorer ? eft-ce ainfi qu'elle croit prouver qu'elle-même eft capable de tout ? Affurément elle a tort, d'après la nature qui a doué les ames des mêmes facultés; facultés que l'éducation modifie à l'infini, mais qu'elle ne détruit pas: où, d'après fes principes, qui ne font pas ceux de FLECHIER, les actions, les difcours, les écrits, doivent former *un accord parfait*. Celui, qui, peut-être, lui a confeillé ce chef-d'œuvre d'inconféquences, comme le brillant effort d'un merveilleux courage, moins perfide, fans doute, que l'Auteur de la Préface, lorfqu'il loue fes Affociés, fait cependant à fes productions, au moins le tort que fit toujours à la médiocrité, à la beauté, la defcription outrée, ou trop régulière de fes traits.

Si un bon Acteur, des tirades pleines d'efprit, des Vers excellens, des Satyres bien appliquées, ne fuffifent pas à L'HOMME DANGEREUX, *pour obtenir une forte de fuccès,* comment, LES AUDIENCES DE THALIE ont-elles tant de vogue, ou plutôt font-elles fuivies ? C'eft qu'au premier mot de Femme bel efprit, d'Auteur fans mérite, qu'elles prônent à leurs *toilettes*, tous les Spectateurs placent au bout de leurs lunettes, les Femmes qui déprifent les Femmes, leurs

Admirateurs, les Ecrivains que le fuccès, moins qu'éphémère, de prefque tous leurs Ouvrages, devroit rendre indulgents, & qui, d'un ton fingulier (s'il n'eft que fingulier) DE PAR leur fotte vanité, défendent de fentir, & d'écrire. Alors tous rient aux éclats, tous applaudiffent avec tranfport, voudroient pouvoir rire, applaudir davantage, & la *Société* prend ce bruit, l'agitation de ces rofeaux parlants, pour des lauriers, pour des acclamations qui couronnent fes talents. Elle a bien de la bonté.

Si l'aigle produit fes pareils, comme elle, s'ils ne planent dans la région la plus épurée de l'air, que parce qu'ils lui doivent la vie; fi l'oifon doit à fa mère la ftupidité qui le caractérife, & ce cri, pour avoir fauvé le Capitole, qui n'eft pas moins hideux, infupportable, nous, fi nous ne fommes rien, homme aveugle, audacieux autant qu'injufte, qu'êtes vous donc? Les hommes raifonnables, vos Maîtres, & nos égaux, vont vous l'apprendre; c'eft vous, qui n'êtes rien, vous qui dégradez votre être, vous qui ne pouvez nous avilir que par vos exemples, & quelquefois qui l'avez été par les nôtres; nous connaiffons nos défauts, les hommes fenfés, qui n'en font point exempts, favent que ceux des deux fexes, furent toujours le tort des ufages & des loix qui les gouvernerent, & ne font que plus indignés de vous voir infulter leurs meres, leurs fœurs & leurs filles, enfin, une moitié des nations qu'il faut refpecter, qu'il faut exciter à être tout ce qu'elle doit être, tout ce qu'elle peut être, & favoir que tout ce qu'elle peut, c'eſt tout ce qui eſt poſſible, exactement poſſible, à l'eſprit, au génie, à la vertu; s'il exiſtoit, dans la même eſpéce, une claſſe d'ames inférieures, ce feroit fans doute celle de l'homme qui fe refuſe à cette évidence, & s'il s'en trouve une (ce que je ne crois pas), celle de la femme, aſſez ignorante pour ne pas connaître la nobleſſe, l'authencité de fes droits, aſſez vile, pour le ſoumettre à cette impertinente décifion.

Le crayon, qui vient de tracer la défenſe de mon fexe, faible, fi on le compare à la juſtice, à la majeſté de cette cauſe, qui intéreſſe même la Divinité, nous fommes le dernier ouvrage de fa création, bienfait dont je n'ai pas abufé; je ne prétend qu'à l'égalité des ames, des efprits & des cœurs. Et cette égalité, je la foutiendrois.... contre mon orgueil, s'il devenoit jamais aſſez vain pour la diſputer à fon tour, ce crayon, tout faible qu'il peut être, feroit cependant trop prononcé pour ce qui me reſte à dire; il faut donc, non le briſer, que fait-on...... mais le dépoſer, comme le Dictateur dépoſoit le pouvoir ſuprême, lorſqu'il croyoit avoir triomphé des ennemis qui l'avoient fait élire.

Les Journaliſtes ont bien quelques reproches à fe faire. Quand l'Auteur de la Préface auroit été initié dans leurs myſtères, auroit partagé le tort qu'ils ont de blâmer, d'approuver par complaiſance, par égard, les connoîtroit-il mieux ? Cependant ils font fort embarraffés ; s'ils font juftice , vous voyez comme on les traite ; mais ils fe raccommoderoient avec le Public , fi, toujours auffi modérés, auffi motivés dans leurs jugements, ils les lui préfentoient comme des réflexions, qui doivent lui être foumifes. Eft-ce que tous les Ecrits poffibles ne reçoivent pas de lui la fanction qui leur donne quelque valeur , ou qui les déprife ?

Le perfonnage le plus coloffal de l'Ombre de Mo-LIERE, M. MISOGRAMME, vient fe plaindre à la *Société*, tandis qu'il doit fe plaindre d'elle : s'il eft fa dupe, il faut le défabufer ; fi c'eft fon ef-prit, il faut le confondre. M. MISOGRAMME, pour écouter la vérité un inftant, laiffez votre humeur , & vos amis ; vous prétendez que vous êtes le meil-leur homme du monde...... que vous aimez à rire, ... vous n'êtes donc point tel qu'on vous montre fur la fcène ; vous ne penfez donc pas tout ce qu'on vous fait dire. Si vous le penfez , mon cher M. MISOGRAMME, peu s'en faut que vous ne foyez le plus *mauvais* homme de ce monde ; & vous croyez en être le meilleur. Si c'eft ainfi que favez rire, que vous aimez à rire, lorfque cette *maudite rage* vous prendra , il vaudroit beaucoup mieux, M. MISOGRAMME, vous mordre les doigts bien ferrés , que de la fatisfaire.

Vous pardonnez à M. de *** de vous avoir ap-pellé Bourgeois ; mais encore faudroit-il favoir fi vous l'êtes ; s'il vous fait grace , pourquoi recevroit - il votre pardon ? Ramené à sa signification précise, celui que cette dénomination désigne, sans être encouragé par les mêmes prérogatives, sans avoir droit aux mêmes honneurs, depuis long-temps reçoit de ses pères cet esprit, ces préjugés, cette urbanité, ces vertus, que reçoit de ses ayeux le Noble d'origine, dont il partage les goûts, les plaisirs, quoiqu'il vive dans des occupations différentes. Pour vous, M. MISOGRAMME, si l'on vous juge d'après ce que vous dites, ce que vous pensez, ce que vous projettez, vous n'êtes que l'égal, le cousin du *Chantre avec qui vous voulez boire*, le neveu du Fermier qui fera votre piquet ; sans cette analogie, dans toute la force du premier degré d'une même souche, vous ne mépriseriez pas les Paysans. Les mauvaises actions seules rendent les hommes méprisables ; vous les aimeriez, vous les rendriez heureux, mais vous ne rêveriez pas, même en dormant, que vous pourriez vous plaire avec ces *bonnes gens*, qui s'ennuiroient fort avec vous, s'ils ne se ressouvenoient de vous avoir vu naître sous leurs toits rustiques.

Ce qui vous offense d'avantage, c'est que M. de *** ait osé dire que vous êtes un Misanthrope ; c'est vous parler bien poliment : voilà, sans doute, ce qui vous fâche ; vous auriez voulu qu'on vous eût traité, comme vous traitez les autres, pour que la partie fût égale, & que tout fût dit : mais c'est plusieurs qui vous font parler ; il est seul, & n'a pas les moyens de vos *Parteneres*. Je suppose que vous

savez

favez le *Wisk* auſſi bien que le Piquet ; cependant revenons à ce mot de *Miſanthrope*, qui vous déſole *ſans ſujet aſſurément*. Ne gémiſſez plus, M. MISO-GRAMME, calmez-vous ; ne reprenez pas votre gaieté, mais votre tranquillité : véritablement vous reſſemblez au Miſanthrope, comme à l'oiſeau Mouche ; le Miſanthrope eſt un homme d'honneur, très-inſtruit, qui hait les vices, qui fuit les hommes, moins parce qu'ils l'ennuient, que parce qu'ils l'ont trompé ; qui donne ſon avis en Connoiſſeur, lorſ-qu'on le lui demande, ſur les Vers qu'on lui veut faire admirer ; Vers cependant qui, dans le Royaume des Vers de la *Société*, ne ſeroient pas *les aveugles Sujets*, mais *les Rois majeſtueux* ; qui rougiroient de commander à ces *petits Hottentots* ; qui auroient beſoin d'être furieuſement appropriés pour approcher de leurs Souverains, même *de cent lieues à la ronde*.

Tenez, M. MISOGRAMME, il faut en finir : *ſoufflé*, ſi ce *n'eſt pas jouer*, nier des faits, ce n'eſt pas les détruire. Vous demandez où M. de C*** a pris... où il a pris, où il a pris, eh ! mais, *mon Dieu*, c'eſt dans la Pièce, dans la Pièce, où vous êtes ſi content de votre rôle, *que d'aiſe, vous ne ſavez où mettre vos mains.....* dans la Pièce, où l'on voit encore plus clair que le jour, que, plus que qui que ce ſoit au monde, & aux *Enfers*, perſonne, plus que vous, oh ! M. MISOGRAMME, n'eſt *atteint & convaincu de la nue propriété*, " *de la manie* " *d'écrire ſans talens ; de décider de tout ſans rien*

B

» *savoir* ». De-là, vos ordonnances, vos commande-
mens, vos condamnations, vos injures, même.....
même à Mad. MISOGRAMME, comme s'il ne lui
étoit pas permis de croire aux réputations que vous
attaquez, de voir un Aigle où vous voyez une
Taupe, de trouver des talens où vous n'en trouvez
pas, d'aimer ce que vous haïssez, de savoir ce que
vous ne savez point : vous, M. MISOGRAMME,
qui, de votre aveu, ne savez rien, & qui le prouvez
sans interruption ; ce qui fait, alors, de votre dire,
une démonstration à laquelle il n'y a pas à répondre;
vous, à qui le Ciel refusa toute espèce de sensibilité, puisque vous ne le bénissez pas, ce Ciel, de
ce que M. votre fils ne compose que des Tragédies,
en Rhétorique, de ce que Mademoiselle votre fille,
loin de placer *Racine* au-dessus de *Corneille*, à qua-
torze ans, est capable d'apprécier quelque beauté
de ce Génie créateur de la Scène Françoise.

Allez, M. MISOGRAMME, puisque vous ne versez
pas des larmes de joie, en contemplant tous ces
avantages paternels, allez, allez boire avec votre
Chantre ; laissez Mad. MISOGRAMME en paix ;
peut-elle vous envisager sans être humiliée de vous
appartenir ? laissez vos enfans suivre des penchants
dignes de la fortune qui sera leur partage, de leur
éducation : comme ils sauront qu'on ne rit que des
Pourceaugnac, des *Orgon*, des *Pernelle*, des *Femmes savantes*, des *Trissotin*, & de leurs pareils ; s'il
leur vient en fantaisie d'être quelque jour des Ori-

-ginaux de Théatre, ils feront des *Mifanthropes*, des beaux-Frères, & des Femmes d'Orgon, qui ne font pas rire ; on ne rit point lorfqu'on admire, & qu'on efpère reffembler à ce qu'on admire.

A la fuite de cette Préface, fur le même *a mi la*, paroît une Critique de M. de C***, Critique dont la *Société* auroit dû faire fon profit, ou craindre les applications, d'autant plus impofantes pour elle, qu'elle les mérite bien plus encore. Si M. de C*** fe qualifie d'Homme de Lettres, eft-ce que ceux qui l'ont précédé dans le CHARGÉ, *l'on ne fait pourquoi, de l'article des Spectacles*, ne croyoient pas l'être ? Un reproche plus grave, c'eft d'avoir dit, que LE KAIN jouoit mal *Nicomède*; malheureufement pour M. de C***, celui qu'il a remplacé, ce qui ne l'excufe pas, lui a donné l'exemple de dénigrer les grands talents, fur-tout ceux de cet Homme célèbre, dont le nom, dans fon genre, comme celui de MOLIERE, dans le fien, font HONNEUR à la France, mais n'en font point L'HONNEUR. N'en déplaife à MELPOMEME, CLIO faura lui apprendre, que l'honneur des Nations, c'eft leurs Généraux, leurs Rois, & leurs Légiflateurs.

On cite, de M. de C***, des expreffions qui pouvoient être plus fimples, dire mieux ce qu'il vouloit dire ; mais puifque Molière, en parlant des Auteurs du Siècle, s'exprime ainfi :

« . . . . »

» *Mais des Mots.... Je ferois cent ans à les comprendre:*
» *Non, je ne fais où diable, ils ont été les prendre.*
» . . . .
» *Monotone assemblage, & ténébreux mélange*
　　» *Dont on ne les tira jamais;*
» *C'est le Cœur & l'Esprit, l'Ame & le Caractère;*
» *La Nature, l'Honneur, le Devoir, le Mystère* »...

Voilà les mots que MOLIERE n'entend pas, qu'il trouve obscurs. *Chère Ombre!* vous n'êtes pas même l'ombre de ce que vous avez été. La Muse du Drame s'égaie à sa façon, sur ces autres mots que MOLIERE lui a laissés pour se réjouir. « *Oh Ciel! oh Dieu!* » *grand Dieu! Vertu* »! d'où l'on voit très-véritablement que M. de C*** eut écrit comme Démosthènes, qu'on ne l'auroit pas plus épargné; il fait dire à Boileau : « *Voilà, je crois, la pomme de* » *discorde, un caustique impudent; conçoit-on qu'on ose mettre ces plats solécismes dans la bouche de Boileau?* Pourquoi donc ne le pas concevoir? puisqu'on en met de plus grands encore dans celle de THALIE, *beurre, fromage, foin, avoine, œufs;* est-ce là ce que doit plaisanter THALIE? est-ce là son langage? MOLIERE doit-il se permertre de dire au Public:

« *C'est un fardeau trop lourd, s'il faut qu'ici j'essuie*
» *Tous les originaux qui peuplent ce foyer* ».

Cette apostrophe n'est point amphibologique; elle ne peut s'adresser aux Comédiens, ils ne font que des copies de leurs rôles ; & c'est MOLIERE : MOLIERE, qui a été Acteur, qui oublie que ces originaux font fes fupérieurs dans ce même foyer, fes maîtres & fes juges dans la falle : il n'y a de plus inconcevable, que la bonté du Public qui n'a pas hué cette ombre, à qui il falloit rappeller fes devoirs ; & c'est cette Pièce, que le critique de M. de C***, admire, dont il parle, enfin, comme en doit parler, cependant, le Chevalier MISOGRAMME, qui veut faire fa cour à l'aîné de fa maifon, fans l'éclipfer ; qui, fort éloigné de donner des adjoints à l'efprit de fon frère, lui demande juftice " *d'un homme qui* " *prétend bien la faire à tout le monde, & qui depuis* " *le Pancrace de* MOLIERE, *est bien le juge le plus* " *rifible qui fe foit avifé de régenter les Arts & les* " *Artiftes* ". Cet homme, M. de C***, eût-il été auffi coupable que le Chevalier MISOGRAMME, qu'on reconnoît à fon pinceau de famille, veut le faire entendre. L'indécence avec laquelle il le traite, l'excufe, le fait plaindre du Public, pallie fes torts : puiffe-t-il, lui, fe les rappeller tels qu'ils font, pour mettre, dans fes décifions, ces ménagements qui ne peuvent exclure la févérité avec laquelle il faut examiner les ouvrages dont on doit rendre compte, C'eft alors que M. de C***, fera reffouvenir, & qu'on verra avec plus d'indignation encore, que la Société ne lui a reproché fes travers avec amertume, n'a voulu les lui arracher avec violence, que pour s'en parer après les avoir portés à cette perfection qu'elle feule pouvoit atteindre ; ce qui la rend digne de ces foudres sorties de ces Arsenaux.

« *Têtebleu , dans toute la France ,*
» *Il n'est point assez de sifflets ,*
» *Assez de bonnets d'âne , assez de camoufflets ;*
» *Pour tant de ridicule , & tant d'impertinence* ».

C'est l'injustice que je poursuis ; je ne cherche pas les défauts de la Pièce, dont je ne parle point (1) ; aussi, MOLIERE, THALIE & MELPOMENE, peuvent se faire des compliments à perte d'ouïe, sans que je les dérange : compliments, cependant, où il y a bien quelques vers qu'on voudroit qui eussent été faits par ce Chantre de la jolie "*Perruche*", par ce jeune Commis qui *écrit de travers* pour avoir le plaisir de les leur présenter devant *témoins* ; moi, qui n'ai plus d'humeur dès qu'on n'offense personne, je *les laisse passer*, même sans leur trop faire appercevoir qu'ils ne me semblent beaux, *ni par leur ramage, ni par leur plumage*. Si j'étois de race Espagnole, j'espérerois être du sang de Dom Quichotte, ne fut-ce que du côté gauche ; mais *Allobroge* bien

---

(1) Dans le Mercure (N.° 19), il y a un Éloge de cette Pièce, qui est un *persiflage* bien amer & bien inutile ; c'est avec des raisons qu'il faut briser les armes de la méchanceté, toujours nuisibles, & avec lesquelles il ne faut jamais plaisanter.

déterminée, & bien avant le temps que *Matha* (1) croit qu'ils se sont *établis en France*: je ne vois parmi nous aucun ami du bien assez généralement connu, pour que je daigne me persuader & me glorifier d'en descendre. Cependant, s'il n'est permis de parler de soi, que dans une Préface, il faut promptement revenir à THALIE ; mais ne l'interrompre qu'après que MELPOMENE a dit à MOLIERE, que les Comédiens aimoient jusqu'à son FAUTEUIL. THALIE :

« *Mais vraiment ce fauteuil en vaut bien quelques autres* » ;

Si la mère de la Déesse Pluton, n'apprenoit pas au plus petit Laboureur, que c'est l'homme qui fait la terre, la Muse croit-elle apprendre au Public que tout fauteuil est moins que rien, si l'homme ne l'honore ; " *elle ne voit personne s'asseoir dans* » *celui de* MOLIERE ». Voilà l'injustice qui se montre, il faut lui disputer le champ de bataille, & la victoire. Est-ce THALIE, " *à la mine de la-* » *quelle le rire va si bien* », qui veut, qui doit ne se point souvenir que le Tuteur dupé mérite que M. de Cailhava l'occupe toutes les fois qu'on le donne ? Ses Journalistes, plus comiques, à ce qu'on assure, que l'ombre de MOLIERE n'est méchante, n'ont pas laissé de lui fournir quelques traits qu'elle a *grossoyés*. La cabale du même Auteur, ameutant le Parterre, pourroit bien être le Prométhée qui a donné

―――――――――――――――――――

(1) *Voyez les Mémoires du Chevalier de Grammont.*

le jour au Capitaine Claque, en préfence de M. N. Si RACINE, CRÉBILLON, VOLTAIRE & CORNEILLE, avoient laiffé des fauteuils, même des tabourets, toutes les Tragédies modernes n'auroient pas eu le droit d'y *fiéger par interim*. Celles que M. de CAILHAVA a trouvées de ce nombre, lui ont infpiré des idées très-plaifantes, qui font regretter que cette Pièce n'ait pas été jouée.

THALIE & MELPOMENE s'entretiennent enfuite de ce qui les intéreffent; elles s'abaiffent jufqu'à jaloufer la Famille POINTU. MELPOMENE s'écrie : « *c'eſt des monſtres qu'il faut, au lieu de Tragédies* »! comme fi la meilleure Tragédie n'avoit pas toujours été l'affemblage de quelques monſtres & de beaucoup de crimes. THALIE répond :

« *Et des farces, ma fœur, au lieu de Comédies* », jamais on ne les a moins aimées. N'importe, les doctes fœurs continuent, ne s'entendent plus, croyent ramener vers elles le Public, *toujours* en difant des injures. MOLIERE, que leur extrême égarement femble rendre à la raifon, les confole, parle fort bien ; mais cet éclair d'efprit, de vérité, ne fait qu'éblouir & difparoître avec BAPTISTE; il ne fait ce que c'eſt qu'un jeu de mots, parce qu'on l'appelle « *calembour* »; mais en revanche, il eſt très-inſtruit « *du ſtyle hâché par lequel il fe trouve bien perfiflé* »; il prétend que M. MISOGRAMME n'a qu'un peu d'humeur; il s'amufe du Vaudeville, il écoute le perfonnage qui fe dit la MUSE DU DRAME, lorfqu'il faudroit l'éloigner de sa préfence avec mépris; il le fait taire, lorfque le touchant d'un récit, qu'il a l'indécence de faire avec dérifion, devroit l'attendrir. Ce n'eft pas tout, c'eft qu'il finit par être auffi injufte, que l'autre eft abfurde lorfqu'il le condamne. Avant que de le prouver, il faut jeter un coup d'œil fur l'origine des Spectacles.

Chez toutes les Nations policées, on donna des fpectacles au Peuple ; s'ils peignirent fes mœurs, c'eft qu'ils furent inftitués d'après elles ; c'eft que ceux qui les établirent, s'en fervirent comme d'un moyen pour les rendre ce qu'elles devoient être, & ce qu'ils vouloient qu'elles fuffent. Ce moyen fera toujours fuivi des mêmes effets. Son efprit, c'eft de former les hommes pour les Loix qui les gouvernent, pour le temps où ils vivent : ces jeux, ces luttes, ces combats, ces gladiateurs, qui rendirent les Grecs courageux, Sparte belliqueufe, Rome, capable de tout afservir, n'offrent d'abord à notre imagination que des fêtes qu'elle ne regrette pas, des arènes enfanglantées qui la révoltent, fi elle ne fe pénétroit de ce qu'il falloit que fuffent ces Républiques pour ne pas être détruites elles-mêmes par des barbares qu'il falloit dompter, pour leur apprendre qu'ils devoient ceffer de l'être pour leur bonheur & pour leur gloire.

Pourquoi donc notre Peuple n'auroit-il pas fon Spectacle, comme les autres Peuples ont eu le leur? Ce n'eft plus le mépris de la vie, le defir des conquêtes, qu'il faut infpirer; ce font les devoirs de citoyen qu'il faut lui faire connoître, lui faire aimer; la félicité, qui fuit un amour vertueux; une bonne conduite dans un ménage qu'elle rend paifible; la honte de ne pas être rempli de probité, dans quelque profeffion qu'on foit placé; la fenfibilité qu'il faut avoir pour les maux de fes femblables, ce qui affure qu'on fera fecouru dans les fiens; combien il eft beau de ne pas faire du mal à ceux qu'on n'aime point, lorfqu'on peut leur en faire; enfin, tout ce qui peut intéreffer des ames qu'il faut continuellement diriger pour leur rendre facile tout ce qu'elles doivent faire : & quoique dife THALIE, voilà les bons effets que les Théâtres du Boulevard pourroient produire. La crainte de voir par eux diminuer fon opulence, la fait feule déclamer contre les Pièces qu'on y repréfentent. Peuvent-elles l'être d'avantage ? & mêmes font-elles auffi indécentes que le *Médecin malgré lui*, le *Cocu Imaginaire*, *Pourceaugnac*, *Georges Dandin*, & autres de ce genre? Si *Jérôme Pointu* eft amoureux de Jeannette, comme le *Tartuffe* l'eft de *Madame Orgon*, *Boniface* eft un homme de bien ; l'Acteur, qui joue les deux rôles, eft fait pour un autre Théâtre (1), & c'eft

---

(1) *Il n'eft pas le premier qui ait paffé du Théâtre de la Foire à celui des François, où il feroit utile au rôle de Bourette.*

aux Censeurs de celui-ci, à n'y recevoir que des *Bonifaces*, à congédier les *Jérômes*, ou du moins à les rendre sages dans leurs amours.

Le Spectacle du Peuple doit être fait pour lui ; la Scène Françoise, qui généralement a d'autres spectateurs, a d'autres devoirs à faire respecter, de grandes leçons à donner. Voyons si elle remplit ces obligations, & ce qu'on apprend à son école. Des ruses, des perfidies ; à tromper des jaloux, des tuteurs ; tandis qu'il ne faut point tromper, mais savoir que la Loi défend qu'on opprime personne. Qu'enseigne l'*Etourdi* ? Qu'enseignent les *Fourberies de Scapin* ? *Georges Dandin*, que prouve-t-il ? Qu'avec de l'effronterie, on peut inculper l'honnêteté, lorsqu'il faut apprendre que l'effronterie rend même inexcusables les torts les plus légers. Des Pièces de MOLIERE qui se jouent, excepté le *Dépit Amoureux*, les *Précieuses Ridicules*, les *Femmes Savantes*, le *Misanthrope*, il n'en est aucune qui ne soit fort dangereuse pour les mœurs, comme toutes les Pièces à intrigues. Les fourbes, les frippons, les méchants qu'on est obligé de faire agir, pour contraster, peuvent séduire une tête mal organisée, lui donner des idées qu'elle n'auroit jamais eues, rarement assez punis pour effrayer ; & le fussent-ils, toujours il sera plus sûr de ne pas fournir à la fougue des passions des armes qui peuvent quelquefois lui être utiles, que de croire que, les connoissant, il ne soit point de circonstances où elles se permettent d'en faire usage.

Ce qu'on appelle *Drames*, qu'on déguise dans les Audiences de THALIE, sous des couleurs qui rendent faibles celles dont sont *embellies* les parades des *Léandre* & des *Isabelle*, sont peut-être les seules Pièces où l'on puisse éviter ces inconvénients, qui effraieroient, si la réflexion suivoit la chaîne des maux qu'ils ont pu produire. Il ne faut que choisir un sujet honnête, intéressant, comme l'action de *M. de Montesquieu*, lorsqu'il tire d'esclavage le malheureux *Robert*, qu'il le rend à sa femme, à ses enfants. Leur surprise, leur joie, la délicatesse du bienfaiteur, qui veut être inconnu; découvert, retrouvé, qui nie son bienfait, qui se refuse au charme que devoient avoir pour son ame ces mots qu'adressoit à la foule qui l'entouroit, le jeune Robert; le jeune Robert, à ses pieds, fondant en larmes: *mes amis, c'est lui, oui, c'est lui, qui m'a rendu mon père; joignez-vous à moi pour l'en faire convenir.* MUSE DU DRAME, si vous ne reconnoissez là, ni vos moyens, ni vos talents, c'est que vous n'êtes pas la véritable ; c'est que tous les Drames où les Auteurs, les sujets & les rôles seront également purs, estimables, ne seront ni vous, ni par vous inspirés, qui dites si bien :

« ... *L'horreur, c'est ma partie*
» *A moi ; je ne me borne pas*

» *A ces vulgaires attentats*
» *Dont cent fois le Théâtre a reçu la peinture :*
» *Meurtre, empoisonnement, parricide, parjure,*
» *Inceste, trahison ; non, des crimes nouveaux.*

Des crimes nouveaux ! .... malheureusement pour l'ombre de Molière, ce ne sont pas les anciens qui l'épouvantent.

« *Je peins la plaintive misère*
» *Des enfants affamés qui demandent du pain ;*
» *Mourant dans les bras de leur mère ;*
» *Des vieillards expirants au bord d'un grand-chemin!*

Oh ! pour ces crimes-ci, ils excitent son indignation ; l'ombre s'écrie :

« . . . .
» . . . . *Au Théâtre on n'ira s'assembler*
» *Que pour y voir accumuler,*
» *Dans les plus dégoûtantes scènes,*
» *L'amas humiliant des misères humaines.*

Ah ! MOLIERE, MOLIERE ! c'est votre déraison qui montre dans toute sa force,

« *L'amas humiliant des misères humaines,*
» *Dans leurs plus dégoûtantes scènes.*
» . . . .
» *Vous corrompez sans fruit, la douceur noble & pure,*
» *D'un plaisir qui fut inventé*
» *Pour consoler des maux que nous fait la Nature.*

« . . . . «
» *Si j'y viens pour verser des pleurs ,*
» *Ce n'est pas pour me faire un tourment de mes larmes.*

Et c'est la Tragédie qui vous fait verser des pleurs, sans tourments ? Est-ce *Phèdre*, livrant *Théſée* à d'éternels remords, cauſant le déſeſpoir d'*Aricie*, donnant la mort à l'innocent *Hypolite* ? Est-ce *Néron* faiſant mourir le frère d'*Octavie*, à qui appartenoit l'Empire, malgré les prières du vertueux BURRUS ? Est-ce même, *Oroſmane*, *Zaïre*, *Tancrede*, qu'on voudroit rappeller à la vie ? Enfin, est-ce *Mahomet*, ce chef-d'œuvre de l'art & de verſification, attiſant un amour inceſtueux, pour conduire, au parricide, *Seide* qu'il empoiſonne, & qu'il fait expirer ſouillé de ce forfait abominable ? Et c'est « *cette* » *douceur noble & pure, qui conſole votre cœur, atten-* » *drit, flétrit par les informes tableaux, & les hideux* » *portraits* » des vieillards, des enfants, mourants dans la miſère, tandis qu'il ne faut que les ſecourir pour éprouver la ſenſation la plus délicieuſe que l'on puiſſe goûter ſur la terre. Que voulez-vous qu'on penſe de ce que fut votre ame, puiſque votre ombre ſe permet de blaſphémer ainſi la raiſon, l'honneur & l'humanité. C'est la *Gouvernante*, *Nanine*, *le Pere de Famille*, qui font verſer de douces larmes. Voilà les plaiſirs purs qui conſolent, qui inſtruiſent, & non tous « *les crimes politiques* » qu'il ſeroit temps de bannir du Théâtre. Les Grecs, vos modèles, eurent, pour fe les tranfmettre, des raifons d'Etat qui n'exiftent point pour vous. A votre place, croyez qu'ils ne vous auroient pas imités fi long-tems. Donner des mœurs à votre Peuple, des vertus à votre Nobleffe, former des Miniftres qui refpectent vos droits, ceux des Nations amies ou ennemies, qui n'abufent pas de l'autorité des Rois, qui ne les trompent pas, qui ne leur confeillent que actes de juftice, de bienfaifance, des Princes qui aiment leurs Sujets, qui connoiffent les droits & les devoirs du Trône. Pour vous procurer ces précieux avantages, que peut l'atrocité des crimes de la famille d'*Agamemnon* ? Il eft dans vos Annales des exemples dont vous pourriez les obtenir; quoiqu'en raifon des lumières ils ne foient pas auffi prononcés que ceux que l'Empereur prépare pour les fiècles qui fuccéderont au nôtre. La fuperbe Pièce de Théâtre, que celle où l'on peindra fes voyages, fes fatigues, fes travaux, pour connoître les abus, & les détruire ! Sa bonté, qui, s'inquiétant fur a deftinée du dernier homme de fon Empire, veut qu'elle foit paifible, heureufe, qui va chercher, jufque dans le filence du Cloître, celui que fa volonté n'y enchaîna pas, lui fait rendre fa liberté, *difant que la religion qui reçoit les offrandes, refufe les victimes* : victimes à qui il affure une honnête fubfiftance. C'eft ainfi qu'on fait refpecter le culte, les autels, qu'on eft la vivante image de l'Etre Suprême, cet attribut des Souverains, & qu'on mérite l'encens de l'univers. Mais voilà ce qu'il faut être, & non des DANAÜS, des ATRÉE, des THYESTE & des MÉNELAS, pour être dignes aujourd'hui des honneurs de la Scène.

FIN

www.ingramcontent.com/pod-product-compliance
Lightning Source LLC
Chambersburg PA
CBHW060550050426
42451CB00011B/1839